# 中國古代法理學

王振先◎著

山西出版傳媒集團
山西人民出版社

**圖書在版編目(CIP)數據**

中國古代法理學 / 王振先著. -太原: 山西人民出版社, 2015.4(2024.2重印)
(近代名家散佚學術著作叢刊 / 許嘉璐主編)
ISBN 978-7-203-09017-5

Ⅰ. ①中… Ⅱ. ①王… Ⅲ. ①法理學-研究-中國-古代 Ⅳ. ①D909.2

中國版本圖書館CIP數據核字(2015)第072553號

# 中國古代法理學

主　　編　許嘉璐
著　　者　王振先
責任編輯　梁晉華

出 版 者　山西出版傳媒集團·山西人民出版社
地　　址　太原市建設南路21號
郵　　編　030012
發行營銷　0351-4922220　4955996　4956039　4922127(傳真)
天猫官網　https://sxrmcbs.tmall.com　電話　0351-4922159
E-mail　sxskcb@163.com　發行部
　　　　sxskcb@126.com　總編室
網　　址　www.sxskcb.com

經 銷 者　山西出版傳媒集團·山西人民出版社
承 印 廠　山西出版傳媒集團·山西新華印業有限公司

開　　本　700mm×970mm　1/16
印　　張　4.25
字　　數　38千字
版　　次　2015年4月　第1版
印　　次　2024年2月　第二次印刷
書　　號　ISBN 978-7-203-09017-5
定　　價　21.00圓

# 《近代名家散佚學術著作叢刊》編委會

# 出版説明

近代名家散佚學術著作叢刊選取一九四九年以後未再刊行之近代名家學術著作共一百二十册，編例如次：

一、本叢書遴選之著作在相關學術領域具有一定的代表性，在學術研究方向、方法上獨具特色。

二、爲避免重新排印時出錯，本叢書原本原貌影印出版。影印之底本皆經專家組審定，原書字體大小，排版格式均未做大的改變，原書之序言、附注皆予保留。

三、本叢書分爲八大類，以作者生卒年編次。

四、爲使叢書體例一致，本叢書前言後記均采用繁體字排版。

五、個别頁碼較少的版本，爲方便裝幀和閱讀，進行了合訂。

六、少數學術著作原書内容有個别破損之處，編者以不改變版本内容爲前提，部分進行修補，難以修復之處保留缺損原狀。

七、原版書中個别錯訛之處，皆照原樣影印，未做修改。

八、所選版本之抽印本頁碼標注，起始至所終頁碼均照原樣影印，未重新編排標注新頁碼。

由於叢書規模較大，不足之處，殷切期待方家指正。

# 總序／

## 披沙瀝金，以爲鏡鑒

◇許嘉璐

多年來有一個問題始終在我腦中盤桓：爲什麽在十九世紀末到二十世紀初，在短短的幾十年裏，中國的各個學術領域竟涌現了那麽多大師級的人物？這是中國近代史上一個極爲重要的現象，我認爲，如果不能給出令人滿意的答案，我們撰寫的近代學術史將是不完整的，甚至是缺乏靈魂的。後來我知道，著名人類學家克羅伯曾提出過一個問題：爲什麽天才成群地來？看來這種現象的出現並非中國所獨有，思考其所以然的也大有人在。而在那一次世紀之交中國的情況，似乎應驗了「天才成群地來」這個令克氏久久不解的疑問。錢學森先生曾從相反的方向提出了相同的疑問：爲什麽我們這個時代出現不了杰出人才？後來人們稱這個問題爲「錢學森之謎」。

要回答這些疑問不是件容易的事。與其迅速地囫圇地探尋，不如先多了解那些讓中國近代學術（應該包括人文科學和自然科學）史上閃耀着光輝的大師們的作品和自述，從而在腦海里盡量「復原」他們所處的環境和在那種環境下的心理路徑，從中或許可以得到一些啓示。

有一點是顯然的，這就是他們雖然都已遠離塵世而去，但是他們獨立思考的品性、求知治學的真誠、困厄窮愁中對節操的堅守，恐怕是他們共同的主觀因素，一直影響到現在，而且將會永遠留存下去。

就思想界、學術界而言，二十世紀上半葉是一個新説和舊説碰撞，中學和西學融匯的大時代。那時的學人極爲重視言行操守，同時具備現代知識分子的理想信念；他們的學術研究十分純净，絶少功利因素；他們的視界開闊，以包容的心態和嚴謹的風格造就了成果的大氣與厚重。至於在客觀因素一面，他們實際是在用工業化時代的事實解説着太史公所説的名山之作「大抵聖賢發憤之所爲作」，困厄苦難使得他們「皆意有所鬱結」。這種鬱結，幾乎和個人的名利毫無牽涉，他們永遠不能釋懷的，是民族的存亡、國運的興衰、民衆的福禍和文脈的續斷。

那個時代也是近代歷史上最大規模的中西古今學術調適、創新的時期，學術方法上的交互滲透和融合、創新亦可謂「於斯爲盛」。斯時之學人是要在封閉的屋墻上鑿出窗子的勇士，是使人能够看看外部世界的第一批導夫先路者；或者可以説，他們是在「意有所鬱結」時「彷徨」和「吶喊」的「狂人」。

相對於那時的哲人們，後來者是幸運兒。現在的形勢是，近三十年來學界空前繁榮，衆多學科有了長足之進，其中很重要的一點是學界有了更新穎、更廣闊的國際視野，似乎接續上了百年前的學壇盛事。但細想想，「古」與「今」還是有差别的。其异，主要不在於世界情勢、學術進展、工具改善這些客觀存在，而在於在廣泛吸收各國優長的同時，自身文化的主體性越來越受到重視，换言之，「拿來主義」已經延長了「拿來」的程序，加上了試用、甄别、篩選、吸收、融合、成長。就我孤陋所見，在當今地球上，面向所有異質文明，努力汲取我之所缺，其範圍之大和心態之切，似乎無出中國之右者。從這個角度説，我們已經超越了前輩。但是事情還有另外一面，學術，特别是人文學科，其職業化、「沙龍化」和功利性，以及隨之而來的浮躁病却嚴重了。從這個角度説，是不是我們已經後退得够可以的了？而這是不是我們這個時代出不了大師的原因之一呢？

民國學術界的特點之一是極爲注重對傳統的反省、批判與繼承。他們對傳統文化盡最大的努力進行整理和研究。一方面，由於戰亂頻仍，民不聊生，學者們擔起了讓中華文化薪火相傳的歷史責任；另一方面，他們要通過對中國傳統文化的整理、挖掘來重振民族自信心。這一時期對傳統文化進行整理的全面而深入是前所未有的，舉凡文字學、語言學、經濟學、法學、哲學、政治制度、書法繪畫、金石學……規模之宏大，研究之精微，令人嘆爲觀止。

民國學術推動了現代學科體系的建立。在對傳統文化整理和研究的基礎上，吸收西方的文化思想和理念，推動和建立了中國現代學科體系。例如，在對語言文字和音韻學成果進行整理、研究的基礎上開始着手規範之，建立了國語學；深入研究書法、國畫，將其融入了現代美術學科；在廢除舊有學制後逐步建立起小、中、大學較完整的科目和學科體系。

民國學術也改變了傳統學術方式，建立了新的研究範式。以現代科學考古爲發端，科研的實踐和成果使中國知識界真正認識到在實驗、比較基礎上的邏輯分析對學術研究的重要，推進了中國學術的一大演變。至於我們常説的打破士大夫傳統、走出書齋到田野鄉村和市民中進行調查研究、結束了經學時代、以歷史眼光檢視儒學和諸子等等，都是確立新學術範式的努力。這一轉變，也標誌着中國學術界脱胎换骨，全面進入了現代，爲此後的學術發展奠定了堅實的基礎。當然，西方啓蒙運動以來，在「現代性」和「現代化」裏潛伏着的缺陷和謬誤也傳到了中國，這些不能不在前哲的著作裏留下痕迹。這並不奇怪。類似的情況，古往今來孰能免之？猶如今天的我們，誰敢自稱我之所見就是永恒的真理？在這個問題上兩個時代所異者，或許就在昔時大家創立新説或譯註西學著作，往往是懷着對學術和前哲的敬畏而爲之，故而常常誤不在我；當今則往往出於對學問和他人的輕蔑，或以所研究的對象爲謀己的工具，因而難辭主觀之咎吧。翻閲他們的心血之作，這些復雜的狀況可以顯見，可以視之爲我們的一面鏡子。

滄海桑田，世事變幻，歷史的動盪和時代的遮蔽，使當年許多大師的一些極有價值的學術著作被棄於故紙堆中，不能不令人有遺珠之憾。爲此，山西人民出版社不惜以數年之艱辛，披沙瀝金，編輯出版這套近代名家散佚學術著作叢刊，凡一百二十册，計文學、史學、政治與法律、美學與文藝理論、民族風俗、宗教與哲學、經濟、語言文獻共八大類別。所選皆爲作者之純學術著作，無論是其見解、精神，抑或是其時代烙印，都是後輩學人可資借鑒的寶貴財富。他們出版這套叢書，意在讓世人不忘來程，知篳路藍縷之不易，爲民族文化的傳承再增薪木。

出版社的初衷，與我近年來所思所慮近似，故願略述淺見於書端，以與策劃者、編輯者和讀者共勉。

二〇一四年七月六日

改定於自安東回京途中

# 前言

◇王繼軍

一切歷史都是當代史，人類歷史具有延續性，現實之中包含着歷史的因素，割不斷的傳統深刻地影響着當代社會；歷史可以從當代的角度去發現和解讀，當代所面臨的現實問題，促使我們去追尋它形成的根源，去叩問前人的智慧，以資借鑒。在平静緩慢、綿延不絶的歷史長河中，總有那麽一些波瀾壯闊、起伏跌宕的時期，它們所孕育的巨大轉折價值和意義深深地影響着後來者。近代中國社會經歷了亘古未有的大變革。就經濟而言，傳統的自然經濟結構受到衝擊，資本主義因素的工商業在經濟體係中佔據越來越重要的地位；在政治上，帝制衰敗，共和肇興；在法律方面，傳統的法律典章再也不能够適應富强、民主、自由、科學的社會需要，西法東漸，勢不可擋；在文化和學術上，東西文化的碰撞、交流與融合，使得發現新資料、運用新方法、創造新範式、提出新思想成爲可能。中國近百年的歷史可以説是一個從傳統社會轉向現代社會的歷史。

開放的思想是人類理性挑戰愚昧的鋭器，自由的學術是世界邁向理想社會的階梯。一代學人以他們廣博的學識、獨立的品格、創造的思維、勤奮的勞動，推出燦若繁星而又堅實厚重的學術成果，爲時代提供智慧的啓迪和思想的指引，以一種獨特的方式積極參與到社會變革的偉大歷史進程來。學術的力量是長久和巨大的，學者的貢獻是不應該被忘記的。

本叢刊政治與法律部分，輯録了于佑虞、聞亦博、曾松友、宋希庠、楊德森、常乃悳、瞿同祖、王振先、熊理、朱章寶、蔡樞衡、趙鳳喈、陳顧遠、郭箴一等名家散佚的論著，其中涉及社會形態、政治制度的歷史與學説、中國古代的倉儲、糧政、勸農、海關、婚姻等制度、婦女問題以及中國法律之精神與法律現象變遷等諸多方面的重要論題。這些論著具有資料豐富、考證翔實和「思他人所未思，言他人之未言」的共同特徵，又在方法、結構、風格方面展現出摇曳多姿的形態。有的長於叙事，爬梳整理，去僞存真，娓娓道來；有的善於思辨，歸納演繹，比較剖析，鞭辟入裏；有的體大思精，在宏大的架構中闡説精妙的見解；有的以小見大，於細微處見精神。這些論著無疑成爲中國學術史上的瑰寶。

閲讀是一種交流，研習先輩學人的著作，就仿佛與杰出的心靈展開了一場穿越時空的對話；閲讀是一種沉思，浸潤於那些深邃的思想裏，使我們得以忘却外部的喧囂與繁華；閲讀是一種旅行，我們汲取歷史的滋養，再向更遠處出發。

是爲序。

## 作者簡介

王振先，生平不詳。

# 自序

予既執鞭廈門大學，暇輒鈎稽古人所謂法家言者，筆之於書，久而裒然成帙。以素攻法學，謂夫歐洲法制進步，至於今日之盛，雖其民權伸張，民智發達使然，然有柏拉圖、亞里斯多德、霍布士、洛克、盧騷、孟德斯鳩、邊沁、斯賓塞諸賢哲爲之倡導於前，康德、馬克思、狄驥、柏呂斯諸先覺爲之鼓吹於後，雖旨歸不同，而所以因時制宜者則一。卽其典章制度，亦莫不隨學說爲轉移。甚矣思想之足以左右人羣也！吾國春秋戰國間，諸子爭鳴，法家亦應時而起，管、商、申、韓、尹文、尸佼、愼到之儔，其詮釋法理，昌言法治，固無以讓於歐西諸賢也。顧一則愈演而愈新，一則驟盛而莫繼，此豈東西哲人立論有淺深之殊，致其收效有久暫之異乎？間嘗深思其故，而知國人成見自封，或淺嘗輒止，其中於心思學術者深也。夫天下事不患其不相同，而患其不相劘。不相劘，則不求其故，莫明其所以然，積之既久，習與性成，入乎耳，出乎口，人以爲是，則羣然是之，人以爲非，則羣然非之，唯之與阿，相去幾何，亦適成其不痛不癢之生而已。誠如是也，豈獨法理學不足以言繼往，其他學問之類是者，何可一二數耶？不揣譾陋，因就平日所錄條理而區處之，先攷道、儒、墨三家之言，所以異於法家者安在，次及法家之標明新理，自立壁壘，深有合於近世法學者所立之定義，爲若干節，末並附論崇法治者之功效，與斯學不昌之原因，冀吾國人早克自省，去口耳四寸之學，含宏廣大，俾法理日新月異，有以促法治之實施，庶歐西諸賢不得專美於前也。若夫蕪累疏略之譏，自知不免，幸海內宏達，進而教之！

民國甲子仲冬孝泉王振先識於厦校之囊螢樓。

# 中國古代法理學目次

# 中國古代法理學

## 第一章　緒言

法理學者何研究法律精神之所在，繹其原理，稽其學說，成爲有系統，有思想之一科學問也。凡百學問皆必有事實或現象以開其端，然後思想有所附麗而爲精密之考察，積之既久，此事實或現象無慮千百恆有以觀其全而會其通。始之粗明其梗概者，知識之事也，繼之綜合其事物，而復類別闡顯之者，則學問之事也。法理學之本義，固在推求法律之原理，而原理未經發現以前，不能不有因應之方，以施行於庶事，是爲法術。法術之起，恆先於法學。蓋有國家，則必不能無法律，即古代國家組織，異常簡單，而法制之術，不能不備。既有法制之術，自必有解釋之、適用之、推闡之者，於是法理學隨之而興。凡原理所存，雖各人意見不同，固皆秩然有序，畫然有其迹象可尋，窮流溯源，而後古人之用心益見。近世科學所以愈分而愈發達者，端賴乎是，法理學固亦莫能外也。

吾國在世界中稱爲四大法系之一，則法律思想淵源甚古固無疑義。然考吾國法律布自何時，法典纂自何代，不免人各異說。就可信者徵之。書曰『象以典刑。』注『象懸法而示之儀式也，典、常也。此刑卽墨、劓、剕、宮、大辟之五者。』周懸法象魏本此。宋人程大川謂『象刑爲模寫用刑物象以明示民，使知愧畏。』宋錢時亦曰：『象者所以示民，若曰犯某罪者麗其法，昭然條理，揭而出之。』是卽法律公布之意。學者動稱唐虞以來已有編纂法典者，宋王應麟歷舉唐虞制令、皐陶法律、夏政典、禹法、湯令、周刑書、周律等名目，然多後世假託，於史無徵。唐律疏義則稱『李悝法經，集諸國刑典而爲之。』雖諸國刑典正史不載，然左傳昭公六年，鄭人鑄刑書；定公九年，鄭駟顓殺鄧析而用其竹刑：昭公二十九年，晉鑄刑鼎，著范宣子所爲刑書焉。當時公家之鑄刑書，私家之爲竹刑，法律已漸由慣習而至於成文。材料漸多，事例漸繁，於是編法典者乃有所取材而彙爲專書。史稱『魏文侯師李悝選次諸國法，造法經六篇：一、盜法，二、賊法，三、囚法，四、捕法，五、雜法，六、具法。』具法者卽法之總論，條貫諸法而爲之名，其他則皆法之一部，所謂各論者是，後世編法典者多仍之。是固吾國法典編纂之嚆矢也。

自魏李悝肇造法經，歷代相沿，多所增益。在漢則有蕭何九章律，叔孫通益律所不及，作傍章十八篇，文帝時鼂錯更令三十章，武帝時張湯編越宮律二十七篇，趙禹編朝律六篇，當時律令凡三百五十九章，已病其多。蓋九章律以後，不獨編纂刑法典，且編纂行政法典，卽所謂令者是也。魏有新律十八篇，晉有新律二十篇，六朝迄隋律令互有增減。唐有六典，其刑書有四：曰律、令、格、式。五代承唐室之後，惟後漢一代未聞制作法典。其餘四朝，多依唐律從事刪訂，有宋一代，吾國法典編纂極盛，大抵每一改元，必有一度或數次之修訂，其名稱極繁，及今存者，則僅營造法式及慶元條法事類也。元明法典多仍舊制，間有更改。清代刑法典則有律例；特殊法典，則有則例，處分則例，賦役全書，漕運全書，學政全書等；行政法典，則有會典及會典事例。光宣以降，新政施行，法令典章，尤難枚舉。民國肇造，頻年變亂，草創未遑，以國家根本之憲法，至今猶未見諸施行。所有民刑法規，除有礙國體者外，多仍其舊。此吾國法典編纂沿革之大略也。

玆篇言法理學，而吾所以首詳法典編纂之沿革者，以學理根於事實。吾國法家思想，固未盡實施，而事實所貽，令人亦得鉤稽其涯略。考吾國法典內容異於近世文明各邦者有三：（一）公法方面規定常多，而私法方面規定常少也。吾國法典無慮數百種，自漢迄清，多爲公法典之屬，其爲今日私法典規定之事項，往往爲公法典所包含。故如親族法之婚姻、離異、嗣子繼承，物權法之所有權、質權，以及債權法之賣買、貸借等，亦惟規定其大綱，不復列其細目。論者或歸咎國民權利思想之缺乏，實則當時學說只知有國，只知有君，而民間私權，無足輕重。所謂公私法之區別，本屬難明，私法多被吸收於公法中，而不能獨立，此其故可思也。（二）法典所規定者多存其名，不必措諸實用也。法典以現行者爲原則，但吾國法典務爲理想之規定，苟認爲良法，雖非現制所宜，亦必採入法典之內。明李東陽進正德會典表，謂『今之善者，雖寢亦書』，是其明證。此外如過去事例，則留之以資比附，祖宗成憲，則尊之莫敢批評，法典所定，未必其爲現行。於是法與事違，莫由救正，此固吾國思想好作鑿空之論，不求切近之行，亦可思之次者也。（三）法典中關於道德法律二義，分別不明，往往雜揉並用也。道德屬於良心之裁制，所謂防未然者，其力賴社會羣衆之維持。法律屬於行爲之裁制，所謂禁已然者，其力賴國家權威之作用。道德法律，固當並行不悖；然一則爲倫理上問題，一則爲法制上問題，必神其質劑，嚴其界限而後可。今一國法律，多以道德爲標準，而非以社會利害爲標準，勢必以法律的制裁，代道德的制裁，有時道德之所有事，非法律之所有事，而在吾國則違反道德者，或以法律相繩，而違反法律者，轉託於道德以自免，相混結果，其弊必至於相消。所謂禮教，乃與刑罰同爲虛設，此其故之緣於學說者又可思也。夫學說以事實爲前提，而學說往往足以產生新事實，吾國法典上下數千載，被於大地者，縱橫數萬里，其影響不可謂不遠且鉅，然其弊病百出，迄今猶若不可爬梳，則雖非徒法典之爲，而沿法典以溯先哲人之所說明，亦所謂循流溯源之意也。

今者我國法系適値革新時期，驟觀之，不特舊時法典無可保存，卽舊時學說，有事於改正者，不知凡幾。雖然，一切法律政治屬於創造者恆少，屬於順序發達者恆多。一國民族，有其歷史焉，有其特殊之心理焉，不能強他國所謂善者，盡數而移植於吾國，自亦不能舉吾國所已有者，盡弁髦而土苴之。況繼今以往，我國不從事立法事業則已，不採法治主義則已，苟猶有事於立法，有意於爲法治國之人民，（今後國家或民族無論如何變遷，卽提倡最新之社會主義，不能離法治而可卽安也，明甚）則吾先民所已發明之法理，必有研究之價値，其單詞片義，至今猶可寶貴焉，無疑也。故不自揣，輒述研討所得，以著於篇。

## 第二章　法在我國文字學上之意義

法本字爲灋，按說文，『灋、㓝也，平之如水，從水，廌所以觸不直者去之，從廌去，』說文廌、下又云：『廌、解廌獸也，似牛一角，古者決訟，令觸不直者。』又云：『法令文省，古文㳒。』然則法之語源，實含三種意義，釋之如下：

（一）法、㓝也，含有模範之意　㓝與刑不同，故說文刀部有刑字無㓝字，而㓝字之義，當於說文土部求之，說文土部型下云『鑄器之法也，』是正與法爲轉注，段注云：『以木爲之曰模，以竹曰笵，以土曰型。』而許書木部模下，竹部笵下，皆訓法，是亦轉注也。尙書呂刑云，『苗民弗用靈，制以㓝，惟作五虐之㓝曰法。』易蒙初六曰：『發蒙利用㓝人，用說桎梏以往吝。』象曰：『利用㓝人以正法也。』又繫辭傳：『見乃謂之象，㓝乃謂之器，制而用之謂之法。』皆是表明法爲模範之意。其㓝旁所以從井者，井之語源，出於井田，說文井下云『八家爲一井，象構韓形。』蓋含有秩序意，所謂『井井有條，』『井然不紊，』皆以井爲形容詞。從刂者，刀以解剖條理，亦含秩序之意，且古文㳒字從亼，從正，並可作模範解。法之釋爲荆者，卽表明有秩序而可爲模範之意也。

（二）法者平之爲水從水含有均平之意　法與律皆有均平之義，說文律下云，『均布也。』段注云：『律者所以範天下之不一而歸於一，故曰均布。』桂馥義證云：『均布也者，義當是均也布也；樂記，樂所以立均；尹文子大道篇，以律均淸濁；鶡冠子五聲不同均，』皆言律字出於均平之意。大學衍義補亦云：『春秋之世，子產所鑄者謂之刑書，戰國之世李悝所著者謂之法經，未以律名也。律之言昉於虞書。蓋度量衡受法於律，積黍以盈，無錙銖爽，凡度之長短，衡之輕重，量之多寡，莫不於此取正。律以著法，所以裁判羣情，斷定諸罪，亦猶六律正度量衡也，故制刑之書以律名焉。』史記律書云：『王者制事立法，物度軌則，壹稟於六律，六律爲萬事根本焉。』夫惟均而後能平，國語云，『律所以立均出度』是明其均平正確之義。易曰，『師出以律，』孔疏云，律、法也，是爲法律通名之始，自商鞅改法爲律，以相秦，蕭相國世家云，『何獨先入收秦律令，』自是以後，法遂與律通用，所謂均平之意，益顯然矣。

（三）法從廌去，所以觸不直去之，含有正直之意　書云：『凡民自得罪，寇攘、姦宄、殺越人於貨，暋不畏死，罔弗憝。』蔡注：『凡民自犯罪者，人無不憎惡之也，用罰而加是人，則人無不服，以其出乎人之同惡而非卽乎吾之私心也。』此卽法爲正直之解。周制，公族之罪，雖親不以犯有司正術也，所以體百姓也。陳註：『正術，猶言常法也，公族之有罪者，雖是君之親，然亦必在五刑之例，而不赦者，是不以私親而於犯有司之正法也。所以然者，以立法無二制，當與百姓一體斷決也。』曰正法，曰立法，無二制，卽言法之本義，因爲正直，未可以曲徇也。又法字與式字同訓，說文式下云：『法也，從工弋聲。』又云：『工，巧飾也，象人有規榘。』段注云：『直中繩，二平中準，是規榘也。』是則式之取義在工，而工以中正平均爲本，如繩之直，如準之平，釋式卽所以釋法也。

此外與法互訓之字，如典，訓爲常，說文，典字從册在丌上，尊閣之也。是典之本義，爲尊貴之書册，吾國有尊古之習，視古法尤重，故可通稱法典。則，訓爲齊，說文，等畫物也，從刀貝，段注云：『等畫物者，定其差等而各爲介畫也，物貨有貴賤之差，故從刀介畫之。』曰等物，曰介畫，皆均齊之意。法字亦有均齊之義，周禮以八則治都鄙，鄭注云：則，亦法也，故可通稱法則。刑，訓爲剄，說文，刑，剄也，段注云：『荆罰典刑儀刑等字，以刑當之者，俗字也。』故刑之爲義甚狹。尚書大傳曰：『唐虞象刑，而民不犯，苗民用刑而民犯之。』可知當時不欲言刑罰。凡刑罰者，起於德衰之時。漢書涿郡太守鄭昌上書曰：『立法明刑者，非以爲治，救衰亂之起也。』象以典刑，卽明不欲用刑之意。愼子曰：『斬人肢體入肌膚，謂之刑，畫衣冠異章服，謂之戮。』此與訓刑爲㓝同解。法之最初發達者爲刑，故可通稱刑法。綜上所述，則吾國最初法字之概念，固爲均平正直，能立最高之模範標準以制節事物者也。

# 第三章　法在我國思想史上之地位

我國思想最古者爲道家，次爲儒家，再次爲墨家，法家其最後起者也。漢書藝文志謂『道家者流，出於史官。儒家者流出於司徒之官。墨家者流出於淸廟之守。法家者流，出於理官。』至謂『諸子皆出於王官，』其義似甚牽強，未足說明思想變遷之迹及發生之由。較之淮南要略所云，『諸子之學，皆起於救世之弊，應時而興』者，固不可同日而語。近人多已駁之。惟道家思想受社會周圍變亂之刺激，以爲循此以往，知識愈進，欲望愈高，防亂之術愈工，而煽亂之方亦愈巧，故其政治理想在於反朴，在於無爲，老子所謂『至治之世，小國寡民，使有什伯人之器而不用，使民重死而不遠徙，甘其食，美其服，安其居，樂其俗，鄰國相望，雞狗之聲相聞，民至老死不相往來。』此非老子之虛言，蓋老子爲周柱下史，近觀世變，遠察洪荒，必以爲古來有此一境，最適於今日之救弊補偏，欲引而復之，以歸無名之朴，而不知歷史之不可以逆演。此出於史官之說所由來也。儒家重人倫，尚實踐，先親親而後仁人，仁人而後愛物。所謂愛有差等，施由親始，齊景公問政於孔子，孔子對曰『君君，臣臣，父父，子子。』

又中庸謂『天下之達道五：曰君臣也，父子也，夫婦也，昆弟也，朋友之交也。』其政治理想，在於修身齊家而治國平天下，五倫之說，自係根據契敷五教，此出於司徒之官之說所由來也。墨家以兼愛節儉爲歸，以敬天明鬼爲本，其所謂天志者，卽以明『天欲人之相愛相利，而不欲人之相惡相賊。』凡作善降祥，不善降殃，皆天主之。次則明鬼，意在厲人勤勉力行，人能敬畏鬼神，自不敢不盡己職。其政治理想，在於人人兼相愛，不互相攻，壹同天下之義，以上同乎天，後世多以墨子爲中國之宗教家。此出於淸廟之守之說所由來也。若法家者，吾國古代似皆專指刑罰。書大禹謨帝曰，『皋陶惟茲臣庶，罔或干予正，汝作士，明於五刑，以弼五教。』周禮，『秋官掌邦刑，大事則從其長，小事則專達。』又曰，『典刑以詰邦國，以刑百官，以糾萬民。』又曰，『官刑以糾邦治。』鄭注，『官刑謂司寇之職。』此爲刑法等觀之明證。凡掌刑者，皆士師之官，此爲出於理官之說所由來也。雖然，法家發生最後，其所受三家之影響亦最多。太史公以老、莊、申、韓合爲一傳，並論之曰，『老子所貴道虛無因應，變化於無爲，故著書辭稱微妙難識。莊子散道德放論，要亦歸之自然。申子卑卑，施之於名實。韓子引繩墨，切事情，明是非，其極慘礉寡恩，皆原於道德之意，而老子深遠矣。』韓非之解老喻老，尸子云，『正名去僞，事成若化，』皆道家思想之影響於法家者也，韓非之學本於荀卿，荀子曰，『禮法之大分也；』又曰，『法後王者法其法。』韓非亦曰，『法者王之本也刑者愛之自也。』又曰，『聖人不期修古不法常可，論世之事，因爲之備。』此儒家思想之影響於法家者也。墨家以尙同爲職志，故墨辯經上曰，『法所若而然也，佴所然也。』經說曰，『佴所然也者民若法也。』此卽壹同天下之義。尹文子亦曰，『萬事皆歸於一，百度皆準於法。歸一者，簡之至，準法者，易之極。』尹文與宋鈃同學風，其論法也時與墨者之言相合。此墨家思想之影響於法家者也。顧三家思想，較之法家有其根本不同者焉：道家尙清靜無爲，故重自然法而不尙人爲法；儒家主實踐倫理，意在感化，故重德治而不尙法治；墨家順天之志以行兼愛，故重法天而非貴法，此其大略也，若語其詳，請分別論之。

## 甲　道家之法律觀

道家主張放任無爲，其言天也謂『無爲而無不爲』故曰，『天之道不爭而善勝，不言而善應，不召而自來，繟然而善謀，天網恢恢，疏而不失。』又曰，『人法地，地法天，天法道，道法自然。』又曰，『功成名遂，百姓皆謂我自然，』又曰，『以輔萬物之自然，而不敢爲。』其所以力倡自然法者，卽反對人爲法之違於本性，有害而無益，徒勞而無功。其言曰，『常有司殺者殺，夫代司殺者殺，是謂代大匠斲，夫代大匠斲者，希有不傷其手者矣。』司殺者指天，代司殺者指人，以人代天行賞罰，則不啻擾亂自然秩序，故曰，『民之難治以其上之有爲，是以難治。』又曰，『法令滋彰，盜賊多有。』蓋道家所以信自然法者，謂一切人爲之制裁力均歸無用，不特無用，抑又害之，故曰，『爲者敗之，執者失之。』又曰，『物或益之而損。』莊子又設喻以明之曰，『南海之帝爲儵，北海之帝爲忽，中央之帝爲渾沌，儵與忽相與遇於渾沌之地，渾沌待之甚善，儵與忽謀報渾沌之德，曰人皆有七竅，以視聽食息，此獨無有，嘗試鑿之，日鑿一竅，七日而渾沌死。』其對於人爲法之觀念，極力擯斥，不留餘地可知。然欲放任主義見諸實行，則根本在於知足寡欲，故曰，『知足不辱，知止不殆。』又曰，『罪莫大於可欲，禍莫大於不知足，咎莫大於欲得。』反於自然之道，在常使民無知無欲。莊子則更進爲極端之論曰，『絕聖棄知，大盜乃止，擿玉毀珠，小盜不起，焚符破璽，民乃朴鄙，掊斗折衡，而民不爭。』質言之，凡所有法令，道家視之均爲罪惡之淵源，惟順自然法者最爲有利無弊。順自然法之道，在於少私寡欲。夫人類欲望，果能使之足，使之寡乎？不能，而強欲行之，此道家不澈底之主張也。故駁道家之說者，莫若法家之深切著明。韓非子曰：『古者不事力而養足，人民少而財有餘，故民不爭，是以厚賞不行，重罰不用，而民自治；今人民衆，而貨財寡，事力而供養薄，故民爭，雖倍賞累罰，而不免於亂。』尹文子曰：『名定則物不競，分明則私不行，物不競非無心，由名定，故無所措其心，私不行非無欲，由分明，故無所措其欲，然則心欲人人有之，而得同於無心無欲者，制之有道也。』韓非以社會演進，明爭亂之不可免，尹文以名分確定，言制欲之別有道，其針砭道家之失，可謂探厥本源矣。

## 乙 儒家之法律觀

儒家主張感化主義，故以德治爲人生之極則，而法則出於不得已，而效力甚微者也。論語曰：『道之以政，齊之以刑，民免而無恥，道之以德，齊之以禮，有恥且格。』又大戴禮記云：『禮者、禁於將然之前，而法者、禁於已然之後。』其論德禮與刑法效用之淺深厚薄，可謂明析。儒家惟崇尚德禮，故所恃以爲制裁者，亦在禮不在法。禮運曰：『禮義以爲祀，……示民有常，如有不由此者，在勢者去，衆以爲殃。』所謂殃者，社會共同斥之之謂，而非法律之制裁也。孝經曰：『安上治民，莫善於禮。』禮運曰：『聖人以禮示之，故天下國家可得而正也。』又曰：『治國不以禮，猶無耜而耕也。』小戴禮經解篇曰：『禮之教化也微，其止邪也於未形，使人日徙善遠罪而不自知也。』儒家自孔子後，有二大師：一爲孟子，一爲荀子。孟子主張性善，謂感化爲可能者，故曰『人皆有不忍人之心，先王有不忍人之心，斯有不忍人之政矣，以不忍人之心，行不忍人之政，治天下可運諸掌。』又曰：惻隱之心，仁之端也，羞惡之心，義之端也，辭讓之心，禮之端也，是非之心，智之端也。……凡有四端於我者，知皆擴而充之矣。若火之始然，泉之始達，苟能充之，足以保四海，不能充之，不足以保妻子。』孟子爲政在擴充人類之同情心，由近及遠，故言仁言義而最惡言利，以言利則釀成爭奪之端，非賊仁害義不已。由孟子之說，其政治理想近於唯心，所謂『生於其心，害於其政，生於其政，害於其事。』是孟子專在於正人心及善推其所爲。其對於法之觀念，一則引詩之言曰，『不愆不忘，率由舊章。』一則曰，『徒法不能以自行。』蓋認法爲不必變易，但遵先王之道以行，而徒恃法爲治者，終有所窮也。荀子信性惡，謂『人之性惡，其善者僞也；』謂『不可學，不可事，而在人者謂之性，可學而能，可事而成之在人者，謂之僞。』僞者、人爲也。人惟性惡，故須以禮防之。其論禮之起源曰：『人生而有欲，欲而不得，則不能無求，求而無度量分界，則不能不爭，爭則亂，亂則窮，先王惡其亂也，故制禮義以分之，以養人之欲，給人之求，使欲必不窮乎物，物必不屈於欲，兩者相持而長，是禮之所起也。」儒家之言禮治，在於節制人情，使有度量分界。坊記曰：「禮者因人之情而爲之節文，以爲民坊者也。」檀弓曰：「禮者因人之情欲而加以品節。」荀子亦曰：「禮者斷長續短，損有餘，益不足，達愛敬之文，而滋成行義之美者也。」此卽嚴分界之謂。荀子以禮義法度生於聖人之僞，非故生於人之性，故賤性而尊僞，能起僞者聖人也，故貴人而賤法。其君道篇曰：「有治人，無治法。」又曰：「法不能獨立，……得其人則存，失其人則亡。」又曰，「君子者法之原也，故有君子則法雖省足以徧矣，無君子則法雖具，失先後之施，不能應事之變，足以亂矣。」由荀子之說，其政治理想近於唯物，所謂「欲多物寡，物不能贍則爭：」所謂「以度量分界，養人之欲，給人之求。」所謂「有貧富貴賤之等，維齊非齊，」皆從物質方面着想。其視禮爲一成不易，謂「君子審於禮，則不可欺以詐僞，」與法家之言「有法度者不可誣以詐僞，」用意相同，而實混禮與法爲一。故性惡篇曰：「聖人化性而起僞，僞起於性而生禮義，禮義生而制法度，然則禮義法度者聖人之所生也。」禮義法度皆爲聖人救時之制，荀子則賤法而貴禮，且以禮法爲當分別用之。其富國篇曰：「由士以上，則必以禮樂節之，衆庶百姓，則必以法數制之。」是卽曲禮所謂「禮不下庶人，刑不上大夫』之意。可見當時階級制度極嚴，禮俗習故爲先聖所留遺，可以待貴族，而不適於平民，刑法則專爲施於衆庶之用。荀子視禮爲重，視法爲重，故辨等差，嚴分界，皆以禮爲從政之本。雖然，德禮之治，果遂足以收感化之功，而無事於法乎？法家固嘗非之矣，韓非子五蠹篇曰：『微妙之言，上智之所難知也。今爲衆人法，而以上智之所難知，則民無從識之矣。故糟糠不飽者，不務粱肉，短褐不完者，不待文繡。夫治世之事，急者不得，則緩者非所務也。……故微妙之言，非民務也。』此言徒務道德，不足以治國而利羣。又曰：『堯、舜、桀、紂，千世而一出，……中者上不及堯舜，而下者亦不爲桀紂，抱法則治，背法則亂。背法而待堯舜，堯舜至乃治，是千世亂而一治也。抱法而待桀紂，桀紂至乃亂，是千世治而一亂也。』此卽攻擊任人而不任法之弊，與孟子所謂『人皆可以爲堯舜』，荀子所謂『法不能獨立』之言，大相懸殊矣。又韓非用人篇曰：『釋法術而心治，堯不能正一國，去規矩而妄意度，奚仲不能成一輪。』愼子亦曰：『君人者舍法而以身治，則誅賞予奪，從君心出，然則受賞者雖當，望多無窮，受罰者雖當，望輕無已，君舍法以心裁輕重，則同功殊賞，同罪殊罰矣，怨之所由生也。』此言任心而不任法之非，與孟子所謂正人心格君心之非者，其根本觀念完全相反。韓非顯學篇曰：

『夫聖人之治國，不恃人之為吾善也，而用其不得為非也，恃人之為吾善也，境內不什數，用人不得為非，一國可使齊，為治也用衆而舍寡，故不務德而務法。』商君開塞篇云：『分定而無制不可，故立禁。』又韓非八說篇曰：『古者寡而相親，物多而輕利易讓，故有揖讓而傳天下者，然則行揖讓高慈惠而道仁厚，皆推政也，處多事之時，用寡事之器，非智者之備也。當大爭之世而循揖讓之軌，非聖人之治也。』蓋荀子主張禮治，禮治全恃社會之制裁力，而社會之制裁力有時無可復施，則禮治窮，不得不繼以法治，韓非所謂用其不得為非，商君所謂立禁，韓非又謂當大爭之世，皆極言禮治之不可專行，而法治之不容已也。

### 丙　墨家之法律觀

墨家主張敬天兼愛主義，墨子天志篇云，『子墨子置天志以為儀法，』又曰，『故子墨子之有天志之意也，將以度王公大人之為刑政也。順天之意，謂之善刑政。不順天之意，謂之不善刑政。故置此以為法，立此以為儀，將以量度天下，譬之猶分黑白也。』又法儀篇曰：『天下從事者不可以無法儀，……故百工從事，皆有法所度。今大者治天下，其次治大國，而無法所度，此不若百工辯也。然則以爲治法而可，當皆法其父母奚若？天下之爲父母者衆，而仁者寡，若皆法其父母，此法不仁也。法不仁不可以爲法，當皆法其學奚若？天下之爲學者衆而仁者寡，若皆法其學，此法不仁也。當皆法其君奚若？天下之爲君者衆，而爲仁者寡，行皆法其君，此法不仁也。故父母學君三者，莫可以爲治法而可。然則奚以爲治法而可？故曰莫若法天。……既以天爲法，動作有爲，必度於天，天之所欲則爲之，天所不欲則止。』墨子所謂法儀，卽爲正義，其法律之觀念，以正義爲準，正義本於上天好生之德，故宜法天，以天者無私若人則皆有私也。然墨家之天，與道家之天不同，道家之天，爲自然而無目的，墨家之天，爲有意志可以賞善罰惡。故曰，『天欲義而惡不義；』又曰，『天欲人之相愛相利，不欲人之相惡相賊。』法儀篇曰：『昔之聖王禹、湯、文、武，兼愛天下之百姓，率以尊天事鬼，其利人多，故天福之。……暴王桀、紂、幽、厲，兼惡天下之百姓，率以詬天侮鬼，賊其人多，故天禍之。』其使人必當守法而不軌於正義者，一本於天之主宰，天子者上同於天，惟天子能壹同天下之義，是其所謂法者，亦惟天子能制作之，而其他不得參與，且亦不必參與也。蓋墨家政治之理想，在於尙賢尙同，子墨子言曰，『古者民始生未有刑政之時，蓋其語人異義，是以一人則一義，二人則二義，十人則十義，其人茲衆，其所謂義者，亦茲衆。是以人是其義，以非人之義，故交相非也。……夫明乎夫下之所以亂者，生於無政長，是故選擇天下賢良聖知辨慧之人，立以爲天子，使從事乎一同天下之義。』是制法之權歸於賢君，而不必徵諸民意可知。雖然由法家觀之，則固有辭矣。商君畫策篇曰：『仁者能仁於人，而不能使人仁。義者能愛於人，而不能使人相愛。是以知仁義之不足以治天下也。聖人有必信之性，又有使天下不得不信之法。所謂義者，爲人臣忠，爲人子孝，少長有禮，男女有別。非其義也，餓不苟食，死不苟生，此乃有法之常也。聖王者不貴義而貴法，法必明，令必行，則已矣。』法家謂貴義難於必行，而貴法則能使天下不得不信，墨子貴義而欲法天，雖有禍福之說，誠恐託之空言也。況所謂天者，雖有意志而不能言。其壹同天下之義，不得不寄諸天子。天子奮一人之私智，未必果勝於衆人，卽曰能勝，亦難持久。善夫愼子之言曰：『君之智未必最賢於衆也，以未最賢而欲善盡被下，則下不贍矣。若君之智最賢，以一君而盡贍下，則勞，勞則有倦，倦則衰，衰則復返於人，不贍之道也。』足以破墨子貴義尙賢法天之說矣。

# 第四章　法家對於法之觀念及其詮釋

吾國古代往往合刑法爲一談，故其語法也，以爲卽屬刑罰。不知刑罰乃法之一部，而非法之全體，法之所以能獨立爲一科，不能與刑罰同視者，自有其存在之價値。吾國法家產生最後，其對於法之觀念及詮釋，多有獨到之見解，置之歐美近代之法學界中，殊無愧色。蓋春秋戰國之間，社會變遷極劇，彼時淸靜無爲之教，旣不足反人心於淳朴，德禮感化之言，復不足入人心於隱微。至於敬天明鬼，見侮不辱，救民之鬥，禁攻寢兵，救世之戰，其爲人太多，自爲太少，莊子已譏其道太觳，天下不堪，道儒墨家三家之學說，旣不足以救滔滔日下之人心，其時社會之制裁力全失，而有賴於國家之强制力者正多。凡一學說之產生，皆有其時代之背景爲之前驅。法家應運而興，亦固其所。法理學者，卽法家研究法律之精深理想，持之有故，言之成理，雖千百世下，讀之猶令人興起，觀此可以知吾先民法治精神之不弱。玆特分節論之。

（一）法之起原說　謂法制之所由起，皆應於社會之需要，而不容已者也。倡此說者，以管子、商君、韓非之言爲最明顯，今分列如下。

管子君臣篇下　古者未有君臣上下之別，未有夫婦妃匹之合，獸處羣居，以力相征，於是智者詐愚，強者凌弱，老幼孤獨，不得其所，故智者假衆力以禁強虐而暴人止，爲民興利，正民之德而民師之。……名物處違是非之分，則賞罰行矣。上下設，民生體而國都立矣。是故國之所以爲國者，民體以爲國；君之所以爲君者，賞罰以爲君。

商君君臣篇　古者未有君臣上下之時，民亂而不治，是以聖人列貴賤，制節爵位，立名號，以別君臣上下之義。地廣民衆，萬物多，故分五官而守之。民衆而姦邪生，故立法制爲度量以禁之。

又開塞篇　天地設而民生之，當此之時，民知其母而不知其父，其道親親而愛私，親親則別，愛私則險，民生衆，無以別險爲務，則有亂。當此之時，民務勝而力征，負勝則爭，力征則訟，訟而無正，則莫得其性也。故賢者立中設無私，而民曰仁。當此時，親親廢，上賢立矣。凡仁者以愛利爲道，而賢者以相出爲務，民衆而無制，久而相出爲道，則有亂，故聖人承之，作爲土地貨財男女之分。分定而無制，不可，故立禁。禁立而莫之司，不可，故立官。官設而莫之一，不可，故立君。既立其君，則上賢廢而貴貴立矣。

韓非子五蠹篇　古者丈夫不耕，草木之實足食也；婦女不織，禽獸之皮足衣也；不事力而養足，人民少而財有餘，故民不爭，是以厚賞不行，重罰不用，而民自治。今人有五子，不爲多，子又有五，大父未死，而有二十五孫，是以人民衆而貨財寡，事力勞而供養薄，故民爭，雖倍賞累罰，而不覺於亂。

管子言智者假衆力以禁強暴，又曰民體以爲國，賞罰以爲君，其說明國家起原及法制起原，最爲合理。商君開塞篇論國家發生成長之次第，所謂由親親而賢賢，由賢賢而貴貴，貴貴立而法制生焉，亦與歷史之事實相合。韓非謂地廣人稀時，無取於法，法必緣民衆而需要始急，尤足以證老子無爲而治之說之不能行。是皆說明法制之起於不容已者。近世法學者論法制之起原，亦謂原人最始爲圖騰社會，更進而爲家族團體，再進而爲地域團體，當其未成國家以前，亦思所以調和衝突，維持秩序者，其間自有規律發生。但此種規律，無組織的強制力爲之後援，終嫌微弱。迨內部人數日增，外部競爭日烈，於是社會之組織分科發達，而強制的法規起焉。強制法規既具，則必由羣中之優秀者起而執行，持之既久，而此機關既不可廢，優秀者之地位因以獨崇，故法制之生，常與君主國家有相緣之關係，此與吾國管商之言，若合符節。漢書刑法志亦嘗言之矣。其言曰：『夫人宵天地之貌，懷五常之性，五常之性，聰明精粹，有生之最靈者也。爪牙不足以供耆欲，趨走不足以避利害，無毛羽以禦寒暑，必將役物以爲養，任智而不恃力，此其所以爲貴也。故不仁愛則不能羣，不能羣則不勝物，不勝物則養不足，羣而不足，爭心將作。上聖卓然先行敬讓博愛之德者，衆心說而從之。從之成羣，是爲君矣。歸而往之，是爲王矣。洪範曰，天子作民父母以爲天下王。聖人取類正名，而謂君爲父母，明仁愛德讓，王道之本也。愛待謹而不敝，德須威而久立，故制禮以崇敬，作刑以明威也。聖人旣躬明哲之性，必通天地之心，制禮作敎，立法設刑，動緣民情，而則天象地。』此雖非純粹法家言，其論禮治與法治不可偏廢，及法之起於不容已者，固與法家之言相發明也。

（二）法宜公布說　謂法宜布之於百姓，以明至公無私也。倡此說者，爲韓非、愼到，商君尤明言之。分引如下。

韓非定法篇　法者，憲令著於官府，刑罰必於民心，賞存乎愼法，而罰加乎姦令者也。

又難三篇　法者，編著之圖籍，設之於官府，而布之於百姓者也。

愼到佚文　法者所以齊天下之動，至公大定之制也。

商君定分篇 公問公孫鞅曰：法令以當時立之者，明旦欲使天下之吏民，皆明知而用之如一而無私，奈何？公孫鞅曰：爲法令置官吏樸足以知法令之謂者，以爲天下正。……諸官吏及民間有問法令之所謂也，於主法令之吏，皆各以其故所欲問之法令明告之，各爲尺六之符，明書年、月、日、時、所問法令之名，以告吏民。主法令之吏不告及之罪，皆以吏民之所問法令之罪，各罪主法令之吏，故天下之吏民無不知法者，吏明知民知法令也，故吏不敢以非法遇民。

以上皆言法之宜於公布。我國古代本有懸書讀法之典，自儒家以禮教爲本高言刑期無刑，刑措不用，故認成文法律無公布之必要。積習相沿，所謂法者，乃爲王者馭民之術，而非齊民之具。故鄭子產鑄刑書，晉叔向詒以書曰：『先王議事以制，不爲刑辟，懼民之有爭心也。……民知有辟，則不忌於上，並有爭心以徵於書，而徼幸以成之，弗可爲矣。』叔向不以法之公布爲然，祇在民有爭心以徵於書，而徼幸以成之。是卽恐民之工於趨避也。其後鄭駟顓殺鄧析，而用其竹刑，君子謂子然於是不忠。晉鑄刑鼎，著范宣子所爲刑書焉，仲尼以爲『晉其亡乎，失其度矣。……民在鼎矣，何以尊貴，貴何業之守。』可知刑律之在當時，可以操縱由心，不許私家改良，尤不許布諸民衆，以爲民可使由，不可使知之唯一手段及法家倡爲是說，而後法律祕密主義，乃易爲公布主義，商君尤主法律公布之說，故其治秦雖嚴，其法皆彰彰可考。甚矣！學說之足以轉移風尙也。

(三)法宜平等說　謂在法律前，無有尊卑貴賤之差，宜一律平等待遇也。倡此說者，爲尹文子，韓非子。分引如下。

尹文子大道篇上　法行於世，則貧賤者不敢怨富貴，富貴者不敢陵貧賤，愚弱者不敢冀智勇，智勇者不敢鄙愚弱。

又曰　萬事皆歸於一，百度皆準於法。……如此頑嚚聾瞽，可與察慧聰明同其治也。

韓非顯學篇　夫聖人之治國，不恃人之爲吾善也，而用其不得爲非也，恃人之爲吾善也，境內不什數，用人不得爲非，一國可使齊。……雖有不恃隱括而自直之箭，自圜之木，良工弗貴也。何則？乘者非一人，射者非一發也，不恃賞罰而自善之民，明主弗貴也。何則？國法不可失，而所治非一人也。

又有度篇　法不阿貴，繩不撓曲，法之所加，智者弗能辭，勇者弗敢爭。

商君賞刑篇　所謂壹刑者，刑無等級，自卿相將軍以至大夫庶人，有不從王令、犯國禁、亂上制者，罪死不赦。有功於前，有敗於後，不爲損刑。有善於前，有過於後，不爲虧法。蓋法之作用，在於齊天下之動。人類之不齊者，智愚賢不肖，而可使之受同等之待遇者惟法。所謂刑不上大夫者，在法家觀之，固非所宜，卽議親、議故、議賢、議能、議功、議貴、議勤、議賓諸條，皆爲儒家達變之言，而非法家執一爲天下式者，所可同日而語。夫惟如是，然後法行而民信，不得高下其手，或予奪由心也。吾國古代亦有等族制度，其視士以上爲貴族，衆庶爲平民，階級之見極重。荀子主張以禮樂節士以上，以法數制衆庶百姓者，卽其明徵。英人甄克思亦云：『凡宗法社會以種族爲國基，故其禮俗習故，不許異族之適用。羅馬法律有二種：一以治羅馬人，一以治羅馬以外之人，此法至今猶可考也。』是與吾國荀子禮法異施之說，區別正同。至法家而乃一反前說，置法律於平等基礎之上，不歧視個人，不以個人之身分而辨等差，商君刑無等級之言，尤徵平等眞相，破除階級之見，較之孔子譏世卿之失，功尤偉矣。

(四)法宜綜核名實說　謂法宜循名核實，以定是非曲直也。倡此說者，爲尹文子、尸子。分引如下。

尹文子　名者，名形者也。形者，應名者也。……萬物具存，不以名正之，則亂。萬名具列，不以形應之，則乖。……善名命善，惡名命惡，故善有善名，惡有惡名，聖賢仁智，命善者也，頑嚚凶愚，命惡者也。……使善惡盡然有分，雖未能盡物之實，猶不患其差也。失者由名分混，得者由名分察。今親賢而疏不肖，賞善而罰惡，賢不肖善惡之名，宜在彼，親疏賞罰之稱，宜屬我。……名宜屬彼，分宜屬我。我愛白而憎黑，韻商而舍徵，好膻而惡焦，嗜甘而逆苦。白、黑、商、徵、膻、焦、甘、苦，彼之名也。愛、憎、韻、舍、好、惡、嗜、逆，我之分也。定此名分，則萬事不亂也。

尸子　天下之可治，分成也。是非之可辨，名定也。

又曰　言寡而令行，正名也。君人苟能正名，愚智盡情，執一以靜，令名自正，賞罰隨名，民莫不敬。

又曰　審一之經，百事乃成，審一之紀，百事乃理，名實判為兩，分為一，是非隨名實，賞罰隨是非。

儒家墨家皆言正名，孔子曰『名不正則言不順，言不順則事不成。』此言正名之必要也。墨子曰：『夫辯者將以明是非之分，審治亂之紀，明同異之處，察名實之理，處利害，決嫌疑。』此卽以名舉實也。然儒家過於重名，而不課其實，其極也名存實亡，而猶泥古不化，所謂不去告朔之餼羊者是。墨家過於責實，使人不堪。荀子譏之曰，墨子蔽於實而不知文。惟法家名實並重，以法為歸：尹文之名以檢形，形以定名；尸子之以實覆名，正名覆實；韓非子之形名參同，皆是此義。後世以信賞必罰，綜核名實，爲法治之良軌，有由來矣。

（五）法以客觀爲標準說　謂法者，置重客觀，不能參成心私見於其間也。凡主張法治，排斥人治者，多倡此說。分引如下。

管子明法篇　使法擇人，不自舉也。使法量功，不自度也。

尹文子　田子讀書，曰，堯有太平。宋子曰，聖人之治以致此乎？彭蒙在側，越次而答曰，聖法之治以致此，非聖人之治也。宋子曰，聖人與聖法何以異？彭蒙曰，子之亂名甚矣，聖者人，自己出也。聖法也，自理出也。理出於己，己非理也。己能出理，理非己也。故聖人之治，獨治者也。聖法之治，則無不治矣。

又曰　若使遭賢則治，遭愚則亂，則治亂續於賢愚，不係於禮樂。是聖人之術，與聖主而俱沒。治世之法，逮易世而莫用，則亂多而治寡。

愼子　措鈞石使禹察之，不能識也。懸於權衡，則釐髮識矣。

商君修權篇　先王懸權衡立尺寸而至今法之，其分明也。夫釋權衡而斷輕重，廢尺寸而斷長短，雖察，商賈不用，爲其不必也。……不以法論智能賢不肖者，惟堯，而世不盡爲堯，是故先王知自議譽私之不可任也故立法明分，中程者賞之，毀公者誅之。

以上皆反覆申明任法而不任人之旨，任法者常治，任人者多亂。法家以爲人之聰明才智，無論如何，均不免有偏私或錯誤之弊，不如純任客觀之法，所謂『無建己之患，無用知之累，』而後公平正直可得而見。管子之使法擇人量功，尹文子之聖人自己出，聖法自理出，商君之立法明分，愼子之懸於權衡，皆以法爲純任客觀，除去一切主觀之弊害，極言人治之不可恃，而法治之可久長。莊子謂『愼到棄知去己而緣不得已，泠汰於物，以爲道理。』可知法家置重客觀標準，其精神固別有在矣。

（六）法可無爲而治說　謂任法則可無爲而治，不復勞心皦形也。倡此說者，爲管子、申不害、愼到、韓非。分引如下。

管子心術篇　昔者堯之治天下也，猶埴之在埏也，唯陶之所以爲，猶金之在罏，恣冶之所以鑄，其民引之而來，推之而往，使之而成，禁之而止，故堯之治也，善明法禁之令而已。黃帝之治天下也，其民不引而來，不推而往，不使而成，不禁而止，故黃帝之治也，置法而不變，使民安其法者也。

呂覽任數篇 申不害曰古之王者，其所爲少，其所因多。因者君術也，爲者臣道也，爲則擾矣；因則靜矣。……故曰君道無知無爲，而賢於有知有爲，則得之矣。

愼子 君臣之道，臣有事而君無事也，君逸樂而臣任勞，臣盡智力以善其事，而君無與也，仰成而已，事無不治，治之正道然也。

韓非子主道篇 人主之道靜退以爲寶，不自操事而知拙與巧，不自計慮而知福與咎，是以不言而善應，不約而善增。

以上皆法家主張無爲之說，然法家之言無爲，與道家之言無爲異。道家以放任自然，爲無爲者也，法家則尊重法律之最高權，以爲必須有法，然後可以無爲。宋王荊公嘗論老子曰：『知無之爲車用，無之爲天下用，然不知其所以爲用也，故無之所以爲車用者，以有轂輻也。無之所以爲天下用者，以有禮樂刑政也，如其廢轂輻於車，廢禮樂刑政於天下，而坐求其無之爲用也，則亦近於愚矣。』此卽法家言無爲與道家言無爲之異點也。又法家欲伸法律，不得不抑君權，君權張，斯法絀矣，故申言君道無爲之旨。卽元首恭己任法，不必負責之意。世有以法家爲獎勵君主專制者，非知言也。

（七）法有最高效率說　謂任法爲治，有最高之功效，不若仁政之迂而難行也。倡此說最力者爲韓非，其言如下。

韓非子六反篇　今學者之說人主也，皆去求利之心，出相愛之道，是求人主之過於父母之親也，此不熟於論恩詐而誣也。

又曰　明主之治國也，使民以法禁，而不以廉止，母之愛子也倍父，父令之行於子者十母，吏之於民無愛，令之行於民也萬父母，父母積愛而令窮，吏用威嚴而民聽從。

又曰　今家人之治產也，相忍以飢寒，相强以勞苦，雖犯軍旅之難，饑饉之患，溫衣美食者，必是家也，相憐以衣食，相惠以佚樂，天饑歲荒，嫁妻賣子者，必是家也。故法之爲道，前苦而後樂，仁之爲道，偷樂而後窮。聖人權其輕重，出其大利，故用法之相忍，而棄仁之相憐也。

又八說篇　慈母之於子也，愛不可爲前，然而弱子有僻行，使之隨師，有惡病，使之事醫，不隨師則陷於刑，不事醫則疑於死，慈母雖愛，無益於振刑救死，則存子者非愛也，母不能以愛存家，君安能以愛持國。

又心度篇　夫民之性惡勞而樂佚，佚則荒，荒則不治，不治則亂。……故治民無常，惟法爲治。

以上皆韓非申言惟法有最高效率之旨。儒家以施行道德仁義，爲有最高效率，孔子曰，『爲政以德，譬如北辰，居其所而衆星拱之；』孟子曰，『保民而王，莫之能禦。』此儒家之德治效率說也。然法家則以爲迂而難行，故主法治效率說以矯之，其論父母愛子之情，不及用法相忍收效之速。又論勞佚則荒之理，與左傳公父文叔之母所謂『逸則淫，淫則忘善，忘善則惡心生』者相同，皆爲洞見人心弱點，足以救正當時多愛不忍煦煦孑孑之失。管子曰，『不爲愛民虧其法，法愛於民。』後世譏法家爲刻薄寡恩者，固未眞知法家之所以用心也。

（八）法宜隨時進化說　謂法宜與時爲轉移，不可執一不化也。倡此說者，爲韓非、商鞅。分引如下。

韓非五蠹篇　今有構木鑽燧於夏后氏之世者，必爲鯀禹笑矣，有決瀆於殷周之世者，必以爲湯武笑矣。然則今有美堯舜湯武之道於當今之世者。必爲新聖笑矣，是以聖人不務循古，不法常可，論世之事，因爲之備。

又心度篇　法與時轉則治，治與世宜則有功。……時移而治，不易者亂。

商君書　三代不同禮而王，五霸不同法而霸。

又曰　前世不同教，何古之法，帝王不相復，何禮之循，伏羲神農教而不誅，黃帝堯舜誅而不怒，及至文武，各當時而立法，因事而制禮。

韓非、商君皆主張法律進化說者，以社會之變遷，道德之進步，因時爲宜，而非有定則，道德變化無定，故法律亦宜與時偕移。吾國道家儒家深信古勝於今，皆以世道益降，深慨古治之不可復，仲尼祖述堯舜，憲章文武，孟子言必稱堯舜，老子謂至治之世，小國寡民，皆謂古先哲王之制度爲不可及，其學說浸淫人心，於是守舊復古之習牢不可破，商君以後，世之不能復爲古者，乃當然之勢，故在秦孝公前，昌言變法，以世事變而行道異也。韓非子則更有寓言以明守舊之非，其言曰，『宋人有耕田者，田中有株，兎走觸株，折頸而死，因釋其耒而守株，冀復得兎。……今欲以先王之政，治當世之民，皆守株之類也。』所謂『守株待兎』，卽笑守舊者之非，而復古之不可爲治也。其曰『論世之事，因爲之備，』又曰『法與時轉，』與商君五霸不同法及當時立法之言，可謂互相發明，爲拘泥成法者祛其惑矣。

（九）法治非術治說　謂法與術異其性質，明法者不必用術，而用術不可爲明法也，尹文子、韓非子皆辨明此義。分引如下。

尹文子　法不足以治則用術。

又曰　術者人君之所密用，羣下不可妄窺。

韓非子說疑篇　術也者，主之所以執也，法也者，官之所以師也。

又定法篇　申不害言術，而公孫鞅爲法。

又曰　申不害韓昭侯之佐也，韓者晉之別國也，晉之故法未息，而韓之新法又生，先君之令未收，而後君之令又下，申不害不擅其法，不一其憲令。……雖用術於上，法不勤飾於官。

所謂術者，出乎正法之外，卽陰謀也。凡法皆以公明態度行之者，商鞅治秦，用嚴刑峻法，其目的在謀國家之富彊，未嘗有私意於其間。若夫陰謀，則不免詭祕作用，與法之本旨相反，爲法家所不取。故管子曰，『有道之君，善明設法而不以私防也，而無道之君，則舍法而行其私者也。……爲人君者棄法而好行私,謂之亂。』韓非子亦曰,『奉公法,廢私術。』參以前說,則術字爲密用,爲主之所執,爲行私,其與法治絕不相容也明矣。

(十)法治非勢治說　謂法雖賴強制力以施行,而不專恃勢位。凡專重勢位者,非法治精神也。管子、尹文子固嘗言之,韓非對於此點,區別尤明。分引如下。

管子任法篇　君臣上下貴賤皆從法,此之謂大治。

又法法篇　不爲君欲變其令,令尊於君也。

尹文子上義篇　古之置有司也,所以禁民,使不得恣也。其立君也,所以制有司,使不得專行也。法度道術,所以禁君使不得橫斷也。人莫得恣,則道勝而理得矣。

韓非子難勢篇　愼子曰,堯爲匹夫,不能治三人,而桀爲天子,能亂天下,吾以此知勢位之足恃,而賢智之不足慕也。韓非子難之曰,夫勢者非能必使賢者用己,而不肖者不用己也。賢者用之,則天下治;不肖者用之,則天下亂。人之情性,賢者寡而不肖者衆,而以威勢濟亂世之不肖人,則是以勢亂天下者多矣,以勢治天下者寡矣。……夫勢者名一而變無數者也,勢必於自然,則無爲言於勢矣。……

……今曰堯舜得勢而治，桀紂得勢而亂，吾非以堯舜爲不然也。雖然，非一人之所得設也，夫堯舜生而在上位，雖有十桀紂，則勢治也。桀紂亦生而在上位，雖有十堯舜，而亦不能治者，則勢亂也。……此自然之勢也，非人之所得設也。若吾之言，謂人之所得設也。

勢也者，權力也。法治既重國家之強制權，自不能舍權力而可施行。雖然，在法律未定以前，則權力爲無限的；法律既定以後，則權力爲有限的。權力既爲有限，則凡受治於其權力下者，皆宜有所保障，不至瞻顧徘徊於不測之刑賞，而法治之精神以完。管子之言令尊於君，尹文子之言禁君，皆所以限制君權，使之不得憑勢以自恣。韓非子謂勢爲出於自然，非人之所得設，謂法爲人之所得設，辨析尤爲謹嚴，可知勢治者乃專制行爲，法治者乃立憲行爲，二者正不容以相混。故韓非子八說篇曰，『人主肆意陳欲曰亂；』大體篇曰『不急法之外，不緩法之內。』蓋必如是，而後法治之眞乃見，固非憑勢位、作威福、以逞志於一時者、所可同日語也。

以上十則，皆就犖犖大者言之。吾國古代法家，對於法理剖析之精，論證之密，較之近世泰西之法學家，未遑多讓。謂先民所留貽者爲未足耶？則此體大思精之言，雖千百年猶耐人尋味也。謂先民所留貽者已無剩義耶？則揆之世運日新，思想日進之理，又何可以此自封也。吾國法治主義，昌明於春秋戰國間，凡能師其意而善用之，無不見效。乃自秦漢以後，此種主義，多歸衰敗，其故尤有可思者，吾當於下章論之。

# 第五章　附論古來崇法治者之功效及斯學不昌之原因

上下吾國歷史數千年間，其足以稱大政治家者，未有不具法治之精神也。管子曰：『雖有巧目利手，不如拙規矩之正方圓也，故巧者能生規矩，不能廢規矩而正方圓，雖聖人能生法，不能廢法而治國。』蓋任智者其智常窮，任法者其法苟能與時推移，自能立於不敝之地，況民勞則思，逸則淫，法者常於整齊嚴肅之中，寓至誠惻怛之意。故眞能知法治者，雖或受謗於一時，而其功常在於當世，固未可以慘礉寡恩非之也。以吾所知，古來崇法治者，於春秋得二人焉：曰、齊管仲，曰、鄭子產。於戰國得一人焉曰、秦公孫鞅。於季漢得一人焉，曰、蜀諸葛亮。於晉得一人焉曰、前秦王猛。於宋得一人焉，曰、王安石。於明得一人焉，曰、張居正。之數子者，皆身當危局，排衆議，出明斷，持之以剛健之精神，納民於公正之軌物，卒能易弱爲強，易貧爲富，措一國於泰山之安，果操何道以致此乎？曰惟眞知法治，故吾將一一明其功效之所在。

管子一書，說者多謂出於後人之僞託，然太史公尤稱其牧民、山高、乘馬、輕重、九府等篇。淮南子曰：『齊桓公之時，天子卑弱，諸侯力征，南夷北狄，交伐中國，中國之不絕如線，齊國之地，東負海而北障河，地狹田少而多智巧，桓公憂中國之患，苦夷狄之亂，欲以存亡繼絕，崇天子之位，廣文武之業，故管子之書生焉。』二公去古未遠，所言不爲無徵，要之，管子明法令，致富彊，其所爲書，開法家之先河，則固無疑義。今姑略其學說而言功效：管子生當齊國內亂方亟之時，不死子糾而相桓公，其時與桓公言霸王，則曰吾不敢至於此其大也。桓公欲修兵革，管子止之，而以與其厚於兵不如厚於民爲說。管子戒篇云：『三年教人，四年選賢以爲長，五年始興車踐乘。』其爲治之難如此。其最要者莫若明法令。法法篇云：『使民衆爲己用，奈何？曰，法立令行，則民之用者衆矣，法不立令不行，則民之用者寡矣。』又七臣七主篇云：『明王見必然之政，立必勝之罰，故民知所必就，而知所必去，推則往，召則來，如墜重於高，如瀆水於地，故法不煩而吏不勞，民無犯禁，故百姓無怨於上。』其絕對信仰法治之精神又如此，故能以區區之齊，通貨積財，富國彊兵，下令如流水之原，令順民心，故論卑而易行，其爲政也，善因禍而爲福，轉敗而爲功，孔子雖譏其器小，然猶亟稱之曰，『如其仁，如其仁；』又曰，『民到於今受其賜，微管仲吾其被髮左衽矣。』管子事業之隆，功德之廣，豈非崇法治之明效大驗耶？

子產之爲政也，其事更難於齊，蓋鄭介居晉楚之間，日夕周旋，疲於奔命。良霄當國，駟帶攻之。子皮授僑以政，辭曰『小國而偪，族大寵多，不可爲也。』可知內患外憂，不可終日。然自子皮率聽之後，傳稱『僑爲政，使都鄙有章，上下有服，田有封洫，廬井有伍，大人之忠儉者，從而與之，泰侈者因而斃之。』一年，輿人誦之曰，取我衣冠而褚之，取我田疇而伍之，孰殺子產，吾其與之。及三年，又誦之曰，我有子弟，子產誨之，我有田疇，子產殖之，子產而死，誰其嗣之？』可知崇法治者，必有不撓不屈之精神，更濟以至公無私之態度，然後功見名立，事在必行。傳又稱鄭作邱賦，國人謗之曰，『其父死於路，已爲蠆尾，以令於國，國將若之何？』渾罕以告，子產曰，『苟利於國，死生以之，何恤於人言？』其爲公服務不避危難之心，灼然可見。後鑄刑書，晉叔向詒書戒之，子產復之曰，『僑不才，不能及子孫，吾以救世也。』及疾，謂子太叔曰，『我死，子必爲政，惟有德者能以寬服民，其次莫如猛，夫火烈民望而畏之，故鮮死焉，水懦弱民狎而玩之，則多死焉，故寬難。』其所謂救世所謂寬難者，皆以法治之精神，爲施政之方針，故能終其身而安內全外，政修令行。仲尼聞子產之卒，出涕曰『古之遺愛也。』然則崇法治者安在其果寡恩哉？

自商君遭車裂之刑，太史公又謂其天資刻薄，漢賈生亦以棄禮義，背仁恩譏之。於是後世空言仁義道德者，益有所藉口而恥言法治，此不知人不論世之過也。秦地僻處雍西，崎嶇山谷，以秦穆之用孟明，僅霸西戎，不足以爭中原也。商君爲相，務以殖產尚武，致國富彊。然欲斯二者之見效，則非整齊制度，變易舊法，畫一民志，未易爲功。故曰『疑行無成，疑事無功』；又曰，『法者所以愛民也』；又曰，『守十者亂，守壹者治。』此皆申明法治之足以致富強之理。商君一書，最置重者，法宜執壹以治，法宜平等，法宜公布，更於立法之外，採司法獨立之精神。定分篇云：『一歲守法令，天子置三法官，殿中置一法官，御史置一法官及吏，丞相置一法官，及諸侯郡縣，皆各爲置一法官，郡縣諸侯幷所謂吏民知法令者，皆以問法官。』此卽專置主法之吏，執行法務，自中央政府以至地方郡縣，莫不設有法官，無論貴族太子，皆得以法繩之。此固深合法治之原則。當時貴族政治方盛，商君以衞人入操秦柄，守法不屈，刑公子虔，黥公孫賈，得罪貴近，致受慘刑。後人不諒其心，哀其遇，而徒執迂論以譏之，亦不思之甚已。商君設施，最有功效者三端：曰、廢井田開阡陌；曰、廢封建爲郡縣；曰、民盡爲兵，使勇於公鬬，怯於私戰。井田封建，人皆以爲古制，而卒不可復。舉國皆兵之制，人以爲歐西致強之端，不知吾國商君，已早行之。史稱秦人趨令，行之十年，道不拾遺，山無盜賊，鄉邑大治，蓋惟明法而後收效如是之速。商君死非其罪，固非一孔之論所可任意訾毁也。

諸葛亮字孔明，嘗躬耕南陽，好爲梁父吟，與潁川石廣元，徐元直，汝南孟公威同游學，三人務精熟章句，而亮獨觀其大略，此卽其學術不專重儒家之證也。後佐昭烈收荊州，取益州。益州承劉璋闇弱寬弛之後，士大夫多挾其財勢，凌侮小民，亮一切裁之以法，鉅室不便所爲，多怨讟者。法正嘗進諫曰：『昔高祖入關，約法三章，秦民懷其德。今君假借威力，跨據一州，初治新國，未垂惠撫，且客主未習，宜稍稍寬假，以安反側之心，願緩刑弛禁，以慰民望。』亮答曰：『君知其一，未知其二。秦以無道，政苛民怨，匹夫大呼，天下土崩，高祖矯之以寬，故能弘濟。今劉璋闇弱，自其父焉以來，文法羈縻，互相承奉，德政不舉，威令不行，蜀土人士專權自恣，君臣之道，漸以陵替。寵之以位，位極則人不知尊，順之以恩，恩竭則人不知感，所以致弊之繇，實緣於此。吾今威之以法，法行則知恩，限之以爵，爵加則知榮，榮恩並濟，上下有節，爲治之要，於斯著矣。』正乃大服。此爲蜀記所載。可見武侯崇尚法治之精神，與子產寬猛相濟之言同符合契。惟其明法也，故以馬謖之親，不惜垂涕下獄，李嚴之譎，不憚彈章貶之。陳壽素與亮有隙，然其評曰：『諸葛亮之爲相國也，撫百姓，示儀軌，約官職，從權制，開誠心，布公道，盡忠益時者，雖仇必賞；犯法怠慢者，雖親必罰；服罪輸情者，雖重必釋；游辭巧飾者，雖輕必戮；善無微而不賞，惡無纖而不貶；庶事精練，物理其本，循名責實，虛僞不齒；終於邦域之內，咸畏而愛之；刑政雖峻，而無怨者，以其用心平而勸戒明也。』廖立被廢爲民，後聞亮死，垂泣曰：『吾終爲左衽矣。』夫以武侯之立後施度，而入人之深如此，史稱其吏不容奸，人懷自厲，道不拾遺，強不侵弱，可知法治之效，聲施爛然。後世右儒左法，積習已深，宋張南軒欲列武侯於儒家，至疑後主從武侯學法家書，爲後世無識者所僞造，不特不知武侯，抑亦拘墟之見矣。

前秦苻堅，特一氐豪耳，自任王猛爲相，事無鉅細，悉以咨之。猛之初相也，貴戚強豪，誅死者二十餘人，於是百寮震肅，豪右屏氣，風化大行。苻堅歎曰：『吾今始知天下之有法也。』又猛之未至鄴也，刼盜公行，及猛已至，遠近帖然。史稱『猛宰政公平，流放尸素，拔幽滯，顯賢才，勸課農桑，教以廉恥，無罪而不刑，無才而不任，庶績咸熙，百揆時敍，於是兵彊國富，垂及升平，及其卒也，朝野巷哭三日，』此非偶而致也。蓋凡崇法治者，無不以公誠之意，施其恩威，並濟之權，其初固未有以饜權貴之心。積之既久，而人服其平，守其信，感其德，移風易俗之效，即在修明法度之中。韓非子曰：『法之爲道，前苦而後樂。』王景略雖佐偏安之局，而其令行禁止事無流滯，固得先苦後樂之道，而用法之相忍，以成其治者也。

以變法而受人詆譭者，歷史上有二人焉：曰商君，曰王荊公。商君以刻薄名，荊公以執拗名。是皆不深察當時之情勢，或蔽於儒家仁義之言，或蔽於學術門戶之見而顛倒是非，混淆黑白也。爲荊公辯者，在宋有陸象山先生，在清有顏習齋、蔡元鳳先生。象山先生之稱公曰：『英邁特往，不屑於流俗聲色利達之習，介然無毫毛得以入於其心。潔白之操，寒於冰霜，公之質也。掃俗學之凡陋，振弊法之因循，公之志也。』習齋先生之稱公曰：『荊公廉絜高尚，浩然有古人正己以正天下之意。及既出也，慨然欲堯舜三代其君。所行法，如農田、保甲、保馬、雇役、水利、更戍等，皆屬良法，後多踵行。即當時元祐之范純仁、李清臣等，亦稱其法以爲不可盡變。』元鳳先生則殫其畢生之力爲公作年譜考略，以辨肆爲詆毀者之誣。夫陸顏兩先生爲一代大儒，蔡氏又博極羣書者，其推崇荊公若是，然則公之所長者何在乎？公上宋仁宗言政事書曰：『四方有志之士，諰諰常恐天下之久不安，此其故何也？患在不知法度故也。今朝廷法嚴令具，無所不有，而臣以謂無法度者何哉？方今之法度多不合乎先王之政故也。又曰臣以謂今之失患在不法先王之政者，以謂當法其意而已。法其意則吾所改易更革，不至乎傾駭天下之耳目，囂天下之口，而固已合乎先王之政矣。」此卽荊公主張變法之理由。蓋法無歷久而不變者。易曰『窮則變，變則通。』商君之言曰，『各當時而立法。』近世之法治國，亦罔不日日討論修訂法律之事，以求與時適合。蓋法不變，則因陋就簡，扞格難行，法之能爲世用者無幾矣。又公之言曰：『夫約之以禮，裁之以法，天下所以服從無抵冒者，又非獨其禁嚴而治察之所能致也。蓋亦以吾至誠懇惻之心，力行而爲之倡。凡在左右通貴之人，皆順上之欲而服行之。有一不帥者，法之加必自此始。夫上以至誠行之，而貴者知避上之所惡矣，則天下之不罰而止者衆矣。』此其不徇權貴宅心公正之精神，至今讀之猶令人神往也。惜夫流俗狃於所安，積非勝是，至神宗時，雖行其志，而朋黨門戶之見，勝於奉公愛國之心。公嘗與司馬溫公書曰：『人習於苟且非一日，士大夫多以不恤國事，同俗自媚於衆爲尙。』當時社會之心理，公固痛言之矣。公變法中，如制置三司條例司，則整理財政機關也；設靑苗法，則類今之勸業銀行也；立均輸法，則所以通天下之貨也；定市易法，則所以制物之低昂也；制募役法，則變當時最病民之差役制，爲募役制，實當時惠民之第一良政也；其農民、水利、方田、均稅諸政，則勸農治水整理田賦之要備焉；其論省兵言置將，立保甲法、保馬法、軍器監，則整軍講武保境安民之道備焉；其罷詩賦，試經義，以俟朝廷興建學校，則教育之大革新也。迹公生平施行諸法，皆以國利民福爲歸。是時宋自眞、仁以來，雖號稱太平，而潢池弄兵，累歲不絕。自新法施行十年，萑苻之盜，亦減於舊，以公所吟元豐諸詩徵之，人民安於耕織，熙熙然各樂其生，以視英宗時民間不敢多種一桑，多置一牛者，相去直不可以道里計。徵元祐黨人之爭，公之良法美意有造於宋者，豈可量耶，

張居正江陵人，少時勇敢任事，豪傑自許，懷抱固不凡也。及相明神宗，慨然以天下爲己任。居正爲政，以尊主權、課吏職、信賞罰、一號令爲主，雖萬里外，朝下而夕奉行。黔國公沐朝弼數犯法，當貸朝議難之，居正擢用其子，馳使縛之。又爲考成法以責吏治。初部院覆奏，行撫按勘者，嘗稽不報。居正令以大小緩急爲限，誤者抵罪。自是一切不敢飾非，政體爲肅。時俺答小王子以互市數入寇，居正用李成梁戚繼光，邊境晏然。史稱『居正持法嚴覈，驛遞省冗官，清庠序，多所澄汰，公卿羣吏不得乘傳，與

商旅無別，亦多怨之者。』又以『江南貴豪怙勢，及諸奸猾吏民善逋賦，選大吏精悍者，嚴行督責，賦以時輸，國藏日以充，而豪猾率怨居正。』蓋崇法治者必不徇情，不徇情則必先鋤豪猾。公嘗云：『寧捐一身供世人之薦食，而強國利民之志，決不爲之稍絀。』然則公之特立獨行，光明磊落，不敢依違唯阿，以全其軀，而貽害於國者，固顯然矣。大凡法治之效，在於信賞必罰，綜核名實，朝野上下無不受成於法之中，故能立懦廉頑，蒸成郅治。江陵有然，卽管、商、國僑、諸葛、二王，無不本此以善其治者也。

吾敍述上列諸賢既竟，而感不絕於予心者，則以吾國數千年之法理學，法家倡之，間世一出之政治家復本其原理原則而實行之，行之而皆見功，顧法理學終於不昌，至於今泰東西整齊嚴肅之風，條理秩然，以吾之習於畏葸苟偷凌亂者當之，不覺望而卻走，乃憬然於法治之不可以已矣。而不知斯學所以不昌之由也。噫！邯鄲學步，固不病於得師，而數典忘祖，事亦鄰於可恥。吾以爲法理學之中衰者，原因有二：一厄於專制之治體，一厄於專制之學術。凡法治所以異於人治者，以法治則專聽命於法，雖以君上之大權，不能不恭己以聽，誅賞予奪，不容有所容心於其間。管子之使法擇人，使法量功，卽明此理。秦漢以後，統於一尊，以昭烈之明，而後能用武侯；以苻堅之卓識，而後能用王猛；以宋明祖宗之賢，而後能用王荊公、張文忠公。一時君上虛己，詫爲殊遇，不惜百端讒煽以排之，幸者能全其身，不幸則身死爲辱，而其法治之精神，亦與其人以俱亡。世方以是爲戒，安在其能就法理而極深研幾也。其次則儒家法家之爭，儒家病法家爲寡恩，法家誚儒家爲迂闊，自漢武帝表章六經，罷黜百家，公孫弘緣飾經術，以尊君抑臣爲主，漢之學者重訓詁章句之學，魏晉六朝尙黃老淸談之教，唐之註疏，宋之性理，明之制義，清之考證，皆自謂可以上承道統，其實儒非眞儒，更無論其視法學爲何如，卽漢大儒馬鄭著漢律章句，魏明帝曾置律博士，皆屬望文生義，從事解釋，非復戰國法家之舊，而儒家定於一尊，尤非法家所能望其項背。諸葛、二王、張江陵諸公能師其意，見諸事功，已爲難得，又安望其能鑽研法理，自成一家言也？職是之故，吾國之法理學，驟盛於春秋戰國間，而遂中衰於秦漢以後，今日國體號稱共和，而專制之餘毒中人已深，上焉者鈔襲成法，爲削足適履之謀，次焉者墨守舊章，爲待兔守株之計，馴至法令成爲具文，管子所謂『國皆有法，而無使法必行之法』者，於今見之。而一二矜奇立異之士，見夫泰西物質偏重之弊，勢將返於唯心，以爲法治主義，卽爲物治，不免近於機械，不如儒家之人治主義爲活動，爲知本，此固鑒於積年政治現象有感而言，雖然，中國今日所以蜩螗鼎沸者，卽國人未能眞知法治之過，非空言人治所可見功，若必人云亦云，則議論愈高，其遠於事實也益甚，以如是萎靡不振毫無規律之國民，固無施而可也。善夫！黃梨洲先生之言曰：『論者謂有治人無治法，吾以謂有治法而後有治人。自非法之法，桎梏天下人之手足，卽有能治之人，終不勝其牽挽嫌疑之顧盼，有所設施，亦就其分之所得，安於苟簡，而不能有度外之功名。使先王之法而在，莫不有法外之意存乎其間，其人是也，則可以無不行之意，其人非也，亦不至深刻羅網，文害天下。故曰有治法而後有治人。』吾願國中談法學者，三復先生法外之意之言，有以發揮光大吾國古代之法理學，參以世界法學之新精神，躋吾國於法治郅平之域也。